Inhalt

Der neue IFRS 9 - Inhalt, erste Anwendungsfragen und Probleme

Kernthesen

Beitrag

Fallbeispiele

Weiterführende Literatur

Impressum

GENIOS WirtschaftsWissen Nr. 05/2010 vom 12.05.2010

Der neue IFRS 9 - Inhalt, erste Anwendungsfragen und Probleme

A.Kaindl

Kernthesen

- Das IASB hat einen neuen Standard zur Klassifizierung und Bewertung von finanziellen Vermögenswerten veröffentlicht.
- Der Standard sieht nur noch zwei Bewertungskategorien vor: Bewertung zu fortgeführten Anschaffungskosten und Bewertung zum beizulegenden Zeitwert.
- Die EU-Kommission hat die Entscheidung über eine Übernahme des IFRS 9 in

europäisches Recht allerdings erst einmal verschoben.

Beitrag

Aus vier Bewertungskategorien wurden zwei

Am 12. November 2009 hat der International Accounting Standards Board (IASB) einen neuen Standard den International Financial Reporting Standard (IFRS) 9 "Financial Instruments" veröffentlicht. Die Veröffentlichung von IFRS 9 beendet die erste der drei Phasen des IASB-Projekts zur umfassenden Überarbeitung der Bilanzierung von Finanzinstrumenten und damit zur Ersetzung von IAS 39 "Finanzinstrumente: Ansatz und Bewertung. (2)

Der Standard regelt die Bilanzierung und Bewertung von finanziellen Vermögenswerten. Die bisherigen vier Bewertungskategorien werden durch nur noch zwei ersetzt: Bewertung zu fortgeführten Anschaffungskosten und Bewertung zum beizulegenden Zeitwert (Fair Value). Verbindlichkeiten sind vorerst vom Anwendungsbereich des Standards ausgenommen.

(1)

Eine Einstufung in die Kategorie Bewertung zu fortgeführten Anschaffungskosten kommt nur für Finanzinstrumente in Betracht, die folgende zwei Kriterien kumulativ erfüllen: Das Geschäftsmodell des Unternehmens sieht das Halten des finanziellen Vermögenswertes vor und die Vertragsbedingungen des Instruments führen ausschließlich zu Zahlungsströmen, die Tilgungsleistungen und Zinszahlungen darstellen. (3)

Finanzinstrumente, die diese beiden Bedingungen nicht erfüllen, sind zwingend mit dem Fair Value zu bewerten. (3)

Prüfung des Geschäftsmodels

Voraussetzung für die Bilanzierung zu fortgeführten Anschaffungskosten ist, dass der finanzielle Vermögenswert im Rahmen eines Geschäftsmodells gehalten wird, welches das Ziel verfolgt, finanzielle Vermögenswerte im Bestand zu halten und die daraus resultierenden vertraglichen Zahlungsströme zu vereinnahmen.

Nach Ansicht des IASB muss das Geschäftsmodell nicht auf Ebene des Gesamtunternehmens beurteilt zu werden, hängt jedoch explizit auch nicht von der Verwendungsabsicht für den einzelnen Vermögenswert ab. Die Beurteilung ist vielmehr auf einer aggregierten Ebene vorzunehmen (z.B. kann ein Unternehmen einerseits ein Portfolio von Finanzinvestitionen halten, um vertragliche Zahlungsströme zu vereinnahmen und andererseits ein Handelsportfolio mit dem Ziel Fair Value-Änderungen zu realisieren.

Verkäufe aus einem Portfolio finanzieller Vermögenswerte stehen der Zielsetzung "Halten und Vereinnahmen der Zahlungsströme" grundsätzlich nicht entgegen. Kommt es allerdings zu einer größeren Anzahl von Verkäufen aus einem Portfolio, ist zu überprüfen, ob und wie diese Verkäufe mit dem Ziel der Vereinnahmung vertraglicher Zahlungsströme in Einklang stehen.

Das Kriterium zur Prüfung des Geschäftsmodells weist eine Reihe von Unschärfen auf, die Probleme und Ermessensspielräume in der praktischen Umsetzung zur Konsequenz haben. Unbeantwortet bleibt bspw. die Frage, wie im Fall von Geschäftsbereichen oder Portfolios vorzugehen ist, die in der Praxis nach mehreren Kriterien gesteuert werden. Problematisch ist zudem die Überprüfung, ob eine "nicht lediglich geringe Anzahl von Verkäufen" aus dem Portfolio getätigt wird. Hierbei bleibt insbesondere offen, wie diese Formulierung quantitativ zu interpretieren ist (z.B. Anzahl der Transaktionen und/oder relatives Volumen). Offen lässt IFRS 9 auch die Konsequenzen, falls Verkäufe aus einem Portfolio nicht lediglich in geringer Zahl getätigt wurden. (1)

Prüfung der vertraglich vereinbarten Zahlungsströme

Die Bewertung eines finanziellen Vermögensgegenstandes zu fortgeführten Anschaffungskosten setzt voraus, dass dieser zu festgelegten Zeitpunkten vertraglich vereinbarte Zahlungsströme generiert, die ausschließlich Zins- und Tilgungszahlungen auf den ausstehenden Nominalbetrag darstellen. Bei der Beurteilung dieses Kriteriums ist auf die Substanz der Transaktion abzustellen, die Bezeichnung "Zins" bzw. "Tilgung" ist nicht hinreichend. (1)

Keine getrennte Bilanzierung mehr für strukturierte bzw. zusammengesetzte Produkte

Im Unterschied zu IAS 39 ist für strukturierte

Produkte, die sich aus einem nicht-derivativen Basisvertrag sowie mindestens einem eingebetteten Derivat zusammensetzen, die Prüfung auf Trennungspflicht und ggf. eine getrennte Bilanzierung nicht mehr vorgesehen. Stattdessen werden diese finanziellen Vermögenswerte in ihrer Gesamtheit einer der beiden Bewertungskategorien zugeordnet. (2)

Fair-Value-Option wurde in den neuen Standard übernommen

Wie IAS 39 eröffnet auch IFRS 9 das Wahlrecht, ein Finanzinstrument, das die Voraussetzungen für eine Bilanzierung zu fortgeführten Anschaffungskosten erfüllt, zum Zeitpunkt des Erstansatzes als erfolgswirksam zum Fair Value zu bewerten (Fair-Value-Option). Voraussetzung hierfür ist die Beseitigung oder erhebliche Verringerung einer Bewertungs- oder Ansatzinkonsistenz. Derartige Inkonsistenzen können sich bspw. aus einer unterschiedlichen Bewertung von finanziellen Vermögenswerten und Schulden ergeben, die dem gleichen Risiko unterliegen. Ein einheitlicher Ansatz kann die Inkongruenzen beseitigen und die gegenläufigen Wert- oder Zahlungsstromveränderungen zutreffend abbilden. (3)

Sonderregelungen für Verbriefungstitel

IFRS 9 enthält spezielle Regelungen zur Beurteilung von Vermögenswerten aus Verbriefungstransaktionen. Inwiefern die Zahlungsströme eines Verbriefungstitels ausschließlich Zins- und Tilgungsleistungen auf den ausstehenden Nominalwert darstellen, ist durch eine Analyse der Zahlungsströme der jeweiligen Tranche der Verbriefungstransaktion einerseits sowie durch die Analyse des der Transaktion zugrunde liegenden Bestands an Finanzinstrumenten andererseits festzustellen. Nur wenn folgende fünf Bedingungen kumulativ erfüllt sind, stellen die vertraglich vereinbarten Zahlungsströme Zins und Tilgung auf den ausstehenden Nominalwert dar: (1)

- Eine Durchschau auf den Bestand der zugrunde liegenden Finanzinstrumente ist möglich.
- Die Zahlungsströme der Tranche stellen ausschließlich Zins und Tilgung dar.
- Der zugrunde liegende Bestand enthält Finanzinstrumente, deren Zahlungsströme ausschließlich Zins und Tilgung darstellen.
- Alle anderen Instrumente des zugrunde liegende Bestandes reduzieren die Variabilität oder gleichen die Zahlungsströme der Tranche an die

der Zahlungsströme des Bestandes an.
- Das Kreditrisiko der zu beurteilenden Tranche ist gleich oder niedriger als das Kreditrisiko des zugrunde liegenden Bestands an Finanzinstrumenten.

Eine Reihe der Anforderungen des IFRS 9 zur Beurteilung von Verbriefungstiteln wird von der Bilanzierungspraxis noch im Detail zu diskutieren sein. (1)

Umkategorisierungen

Eine Umkategorisierung nach IFRS 9 ist möglich und für die betroffenen finanziellen Vermögenswerte verpflichtend, wenn das bilanzierende Unternehmen das Geschäftsmodell zu deren Steuerung ändert. Darüber hinaus sind Umkategorisierungen nicht gestattet. (1)

Grundsätze für die Bewertung sowie Erfassung von Gewinnen und Verlusten

Nach IFRS 9 sind finanzielle Vermögenswerte beim erstmaligen Ansatz unabhängig von deren

Zuordnung zu einer Bewertungskategorie zum Fair Value zu bewerten. Die erstmalige Erfassung orientiert sich dabei an den Anschaffungskosten. Die Zugangsbewertung entspricht damit den bisherigen Regelungen des IAS 39. Finanzinstrumente in der Bewertungskategorie fortgeführte Anschaffungskosten sind nach dem Erstansatz zu fortgeführten Anschaffungskosten zu bewerten. Gewinne und Verluste werden durch die Anwendung der Effektivzinsmethode oder im Fall einer Wertminderung, Umkategorisierung oder beim Abgang erfolgswirksam. Finanzielle Vermögenswerte der Kategorie Fair Value sind nach der Zugangsbewertung zum Fair Value zu bewerten. Die Gewinne und Verluste werden grundsätzlich unmittelbar erfolgswirksam in der Gewinn- und Verlustrechnung (GuV) erfasst. (1)

Besondere Bewertungsvorschriften für Eigenkapitalinstrumente

Für Investitionen in Eigenkapitaltitel, welche nicht zu Handelszwecken gehalten werden, ist ein unwiderrufliches Wahlrecht zum erfolgsneutralen Ausweis sämtlicher Fair Value- Änderungen im Eigenkapital vorgesehen. Das Wahlrecht kann zum

Zeitpunkt des erstmaligen Ansatzes individuell für jedes einzelne Finanzinstrument ausgeübt werden. Im Fall der Ausübung sind sämtliche Zeitwertänderungen im Eigenkapital zu erfassen. Die im Eigenkapital ausgewiesenen Beträge werden zu keinem späteren Zeitpunkt in die GuV umgebucht. Lediglich Dividendenzahlungen sind in der GuV zu erfassen. (3)

Würdigung der neuen Regelungen

Einerseits kann positiv hervorgehoben werden, dass bei strukturierten Produkten keine komplexen Abspaltungsprüfungen hinsichtlich eingebetteter Derivate mehr vorzunehmen sind. Andererseits wird ein Teil der damit verbundenen Komplexität auf die Beurteilung des Kriteriums der vertraglich vereinbarten Zahlungsströme verlagert.

Der Wegfall der Kategorie "Available-for-Sale" für Investitionen in Eigenkapitalinstrumente und die daraus resultierende Einstufung in die Kategorie Fair Value führt zu einer Komplexitätsreduktion. Außerdem können Wertaufholungen im Gegensatz zu den bisherigen Regelungen erfolgswirksam abgebildet werden. Allerdings führt die Neuregelung zu einer erhöhten Volatilität der GuV, da sämtliche Fair Value-Änderungen in der GuV gezeigt werden sind, falls nicht das Wahlrecht zum erfolgsneutralen Ausweis ausgeübt wird.

Die Abschaffung der Bewertung gehaltener Eigenkapitalinstrumente zu Anschaffungskosten dürfte in der Praxis zu Fair Values für GmbH-Anteile und nicht-notierte Aktien führen, welche in hohem Maß ermessensabhängig und kaum verifizierbar sind. Es kann in Zweifel gestellt werden, dass die ermittelten Werte eine höhere Aussagekraft und Verlässlichkeit aufweisen als die Anschaffungskosten. Darüber hinaus stellt die zu jedem Berichtsstichtag erforderliche Bestimmung des Fair Value einen nicht zu unterschätzenden Komplexitäts- und Aufwandsfaktor dar. (1)

Trends

IFRS 9 ist verpflichtend für Geschäftsjahre anzuwenden, die am oder nach dem 1. Januar 2013 beginnen. Der Standard gestattet eine freiwillige vorzeitige Anwendung. Allerdings hat die EU-Kommission die Entscheidung über eine Übernahme des IFRS 9 in europäisches Recht auf unbestimmte Zeit verschoben. Eine vorzeitige Anwendung ist daher innerhalb der EU bis auf weiteres mangels Übernahme in europäisches Recht nicht zulässig. (3)Die EU-Kommission hat den Prozess zur

Übernahme des veröffentlichten IFRS 9 in europäisches Recht im November 2009 ausgesetzt, mit der Begründung, die noch ausstehenden Erweiterungen von IFRS 9 abwarten zu wollen. Das IASB plant, im Laufe des Jahres 2010 den IFRS 9 um die weiteren Vorschriften zu den Themenbereichen Kategorisierung und Bewertung finanzieller Verbindlichkeiten, Bestimmung der fortgeführten Anschaffungskosten und Impairments, Ausbuchung sowie Hedge Accounting zu ergänzen. (1)

Fallbeispiele

Der IFRS 9 listet eine Reihe von Instrumenten bzw. Ausstattungsmerkmalen auf, die dem Bilanzierenden bei der Prüfung der vertraglich vereinbarten Zahlungsströme unterstützen: (1)

Führen Ausstattungsmerkmale zu einer Hebelwirkung der Zahlungsströme, stellen diese nicht ausschließlich Zinsen dar. Eine Bilanzierung zu fortgeführten Anschaffungskosten kommt daher nicht in Betracht.

Vereinbarungen, mit denen Zins- oder Tilgungszahlungen an Aktien- bzw. Güterpreise, versicherungstechnische Ereignisse (z.B. Katastrophen-Anleihen) oder andere nicht-finanzielle

Variablen indexiert werden, stellen keine grundlegenden Kreditmerkmale dar. Dies gilt insbesondere auch für Wandel-, Umtausch- oder Aktienanleihen, da sie Optionen auf andere Finanzinstrumente enthalten.

Kündigungsrechte des Gläubigers infolge von Änderungen der Bonität des Schuldners, Verletzungen von Kreditcovenants oder Zahlungsausfällen erfüllen das Kriterium der vereinbarten Zins- und Tilgungsleistungen.

Ungeachtet der erforderlichen Einzelfallprüfung erfüllen viele typische Plain-Vanilla-Schuldinstrumente wie bspw. Forderungen aus Lieferungen und Leistungen, Kontokorrentkredite, Festsatzdarlehen, Ratenkredite, Baufinanzierungen, Schuldscheindarlehen oder Schuldverschreibungen die Anforderungen des Kriteriums der vertraglich vereinbarten Zahlungsströme. Dies gilt auch für auf aktiven Märkten notierte Staats- oder Unternehmensanleihen, welche bisher in vielen Fällen der Kategorie "Available-for-Sale" zugeordnet waren.

Weiterführende Literatur

(1) IFRS 9 Financial Instruments: Neue Vorschriften zur Kategorisierung und Bewertung von finanziellen

Vermögenswerten
aus Kapitalmarktorientierte Rechnungslegung, Heft 2 vom 1.2.2010, Seite 65 - 74

(2) IASB veröffentlicht IFRS 9
aus FINANZ BETRIEB, Heft 12 vom 7.12.2009, Seite 686

(3) Mehr Transparenz und weniger Komplexität? Der neue Standard IFRS 9
aus GoingPublic Magazin, Heft 2/2010, S. 56-57

Impressum

Der neue IFRS 9 - Inhalt, erste Anwendungsfragen und Probleme

Bibliografische Information der deutschen Nationalbibliothek

Die Deutsche Nationalbibliothek verzeichnet diese Publikation in der deutschen Nationalbibliografie; detaillierte bibliografische Daten sind im Internet über http://dnb.d-nb.de abrufbar.

ISBN: 978-3-7379-1387-4

© 2015 GBI-Genios Deutsche Wirtschaftsdatenbank GmbH, Freischützstraße 96, 81927 München, www.genios.de

Alle Rechte vorbehalten. Dieses Werk ist einschließlich aller seiner Teile – z.B. Texte, Tabellen und Grafiken - urheberrechtlich geschützt. Jede Verwertung außerhalb der Grenzen des Urheberrechtsgesetzes bedarf der vorherigen Zustimmung des Verlags. Dies gilt insbesondere auch für auszugsweise Nachdrucke, fotomechanische Vervielfältigungen (Fotokopie/Mikroskopie), Übersetzungen, Auswertungen durch Datenbanken oder ähnliche Einrichtungen und die Einspeicherung und Verarbeitung in elektronischen Systemen.